à mes parents
MARIE-ALINE

Marie-Aline Bawin tient à remercier chaleureusement le service pédiatrique de l'hôpital de la Citadelle, ainsi que le service pédiatrique de la clinique de l'Espérance à Liège pour leur précieuse collaboration.

Loi n°49-956 du 16 juillet 1949
sur les publications destinées à la jeunesse
Dépôt légal : septembre 2002
ISBN : 2 7404 0690-8

Imprimé en Slovaquie

Tom à l'hôpital

Illustrations de Marie-Aline Bawin
Texte de Christophe Le Masne

MANGO *JEUNESSE*

Ce matin, à l'école, je n'ai pas pu réciter ma poésie,
car j'avais trop mal au ventre.
C'est dommage parce que je l'avais apprise par cœur.

Comme j'avais très mal, la maîtresse s'est inquiétée.
La directrice est venue et s'est inquiétée aussi.
Tout le monde s'inquiétait. Ils ont appelé Maman
pour qu'elle vienne me chercher.

À la maison, on a fait venir le docteur. Il est arrivé,
a appuyé sur mon ventre et j'ai fait “aïe” très fort. En souriant, il a dit :
— C'est l'appendicite, il faut l'emmener à l'hôpital et l'opérer.

Avec Papa, je choisis les jouets que je veux emporter dans mon sac.
Je prends quelques livres, des coloriages, des gommettes,
mon camion, les dominos et Pipo, mon chien.
— Ce n'est pas un peu beaucoup ? me demande Maman.

On arrive à l'hôpital.
Papa et Maman m'expliquent que tout va très bien se passer.
Mais moi, j'ai très peur.

Ça sent très fort les médicaments. Une dame en blouse blanche vient me voir en souriant. C'est l'infirmière.

— Bonjour Tom, me dit-elle d'une voix douce, je suis là pour m'occuper de toi, tu n'as rien à craindre.

D'abord, l'infirmière me conduit
dans une petite pièce pour me faire une prise de sang.
— Si tu ne bouges pas, tu ne sentiras presque rien.
Je déteste les piqûres mais j'ai décidé d'être courageux. Je tourne la tête,
j'attends un peu et, hop ! c'est déjà fini !
Pour me récompenser, elle me donne un bonbon.

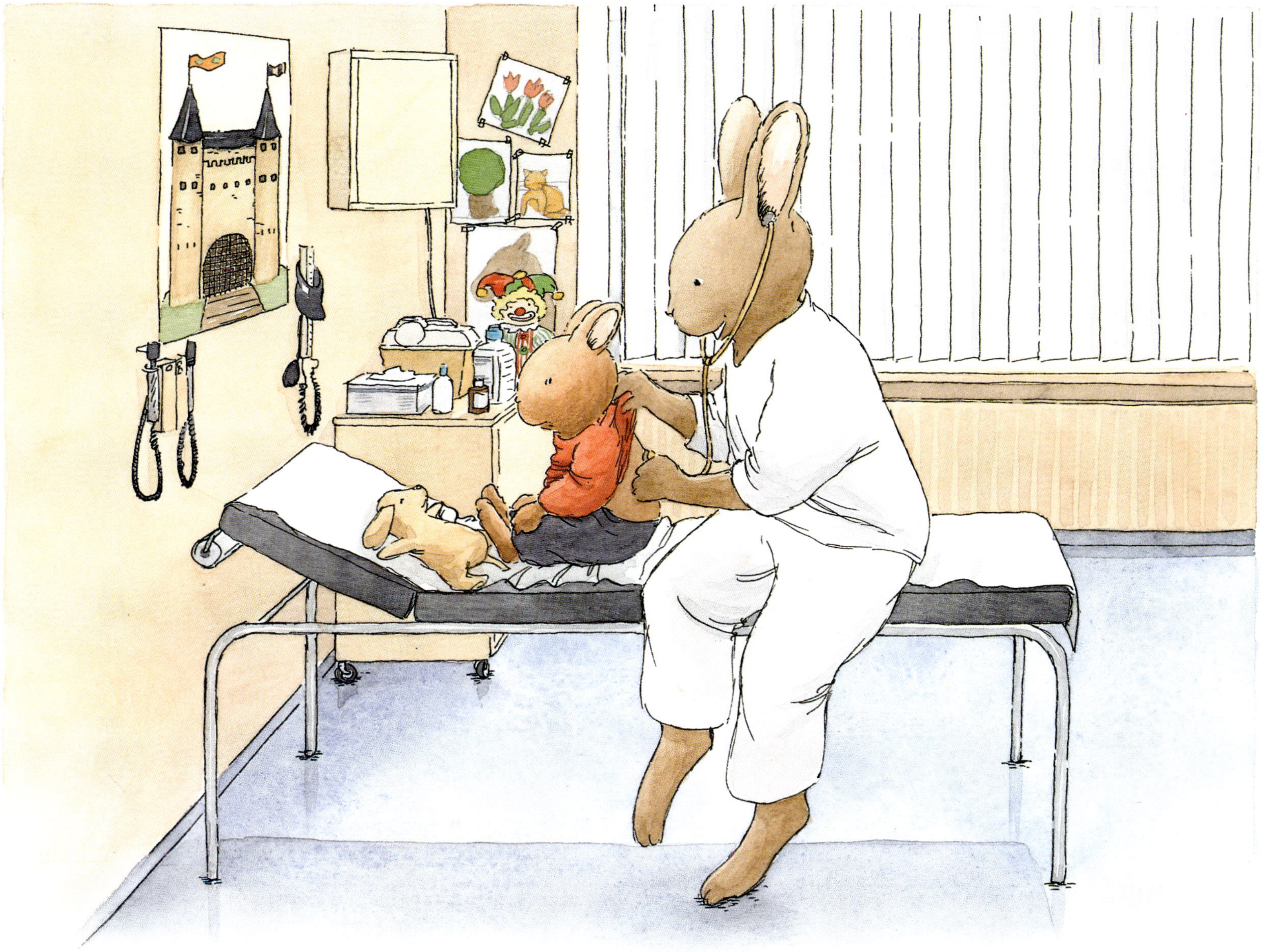

Ensuite, il faut que j'aille voir le docteur
qui va m'endormir pour que je ne sente rien.
— Tout est parfait, déclare-t -il après m'avoir examiné.
Alors, je me demande vraiment ce que je fais ici.

Décidément, tout le monde veut me voir.
C'est le tour du docteur qui va m'opérer. Il m'explique que l'on va m'enlever l'appendice. C'est un petit tube qui est attaché au tuyau que j'ai dans le ventre et qu'on appelle l'intestin.
Il me dit que je ne vais rien sentir. J'espère qu'il a raison…

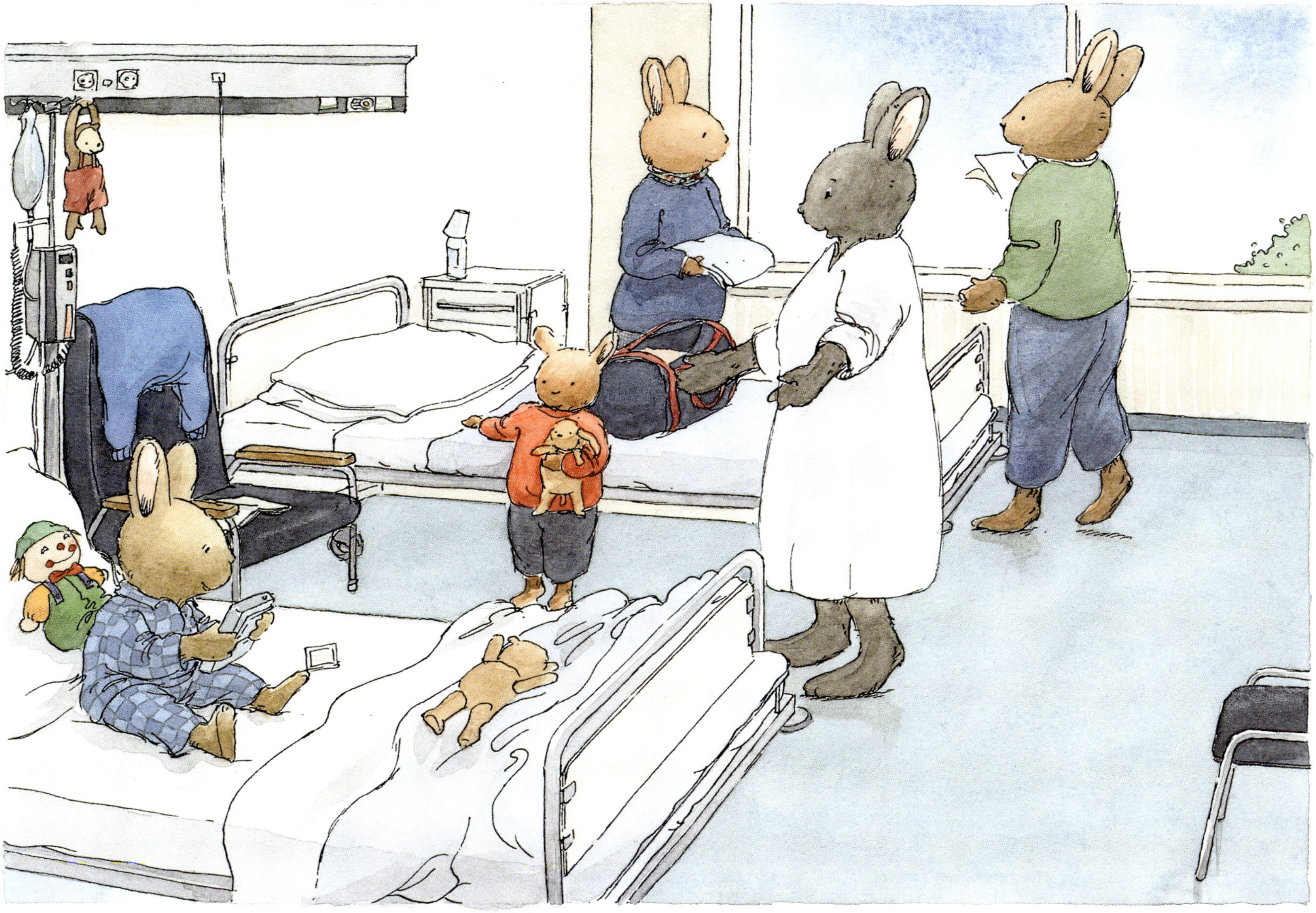

Cette fois, une nouvelle infirmière me conduit dans ma chambre.
— Je te présente Gaspard, me dit-elle.
Gaspard me répond bonjour mais comme il fait un jeu électronique,
il ne peut pas me regarder. Il a l'air très sympa.
J'espère qu'il me prêtera son jeu.

Sur les conseils de l'infirmière,
Maman commence à me déshabiller. Mais c'est l'après-midi !
Je n'ai pas envie de me mettre en pyjama !
Quand je pense que c'est l'heure où mes copains sont en récréation !

On parle avec Gaspard. Il me dit qu'il a une maladie grave
et qu'il doit rester longtemps à l'hôpital. Je pense que j'ai de la chance
parce que l'appendicite, à côté, ce n'est rien du tout.

La nuit est tombée. J'ai le cœur serré,
mais heureusement, Maman est là. Elle me raconte une histoire.
Je prends sa main. J'aime bien m'endormir comme ça.
Je me sens bien... et plus rassuré.

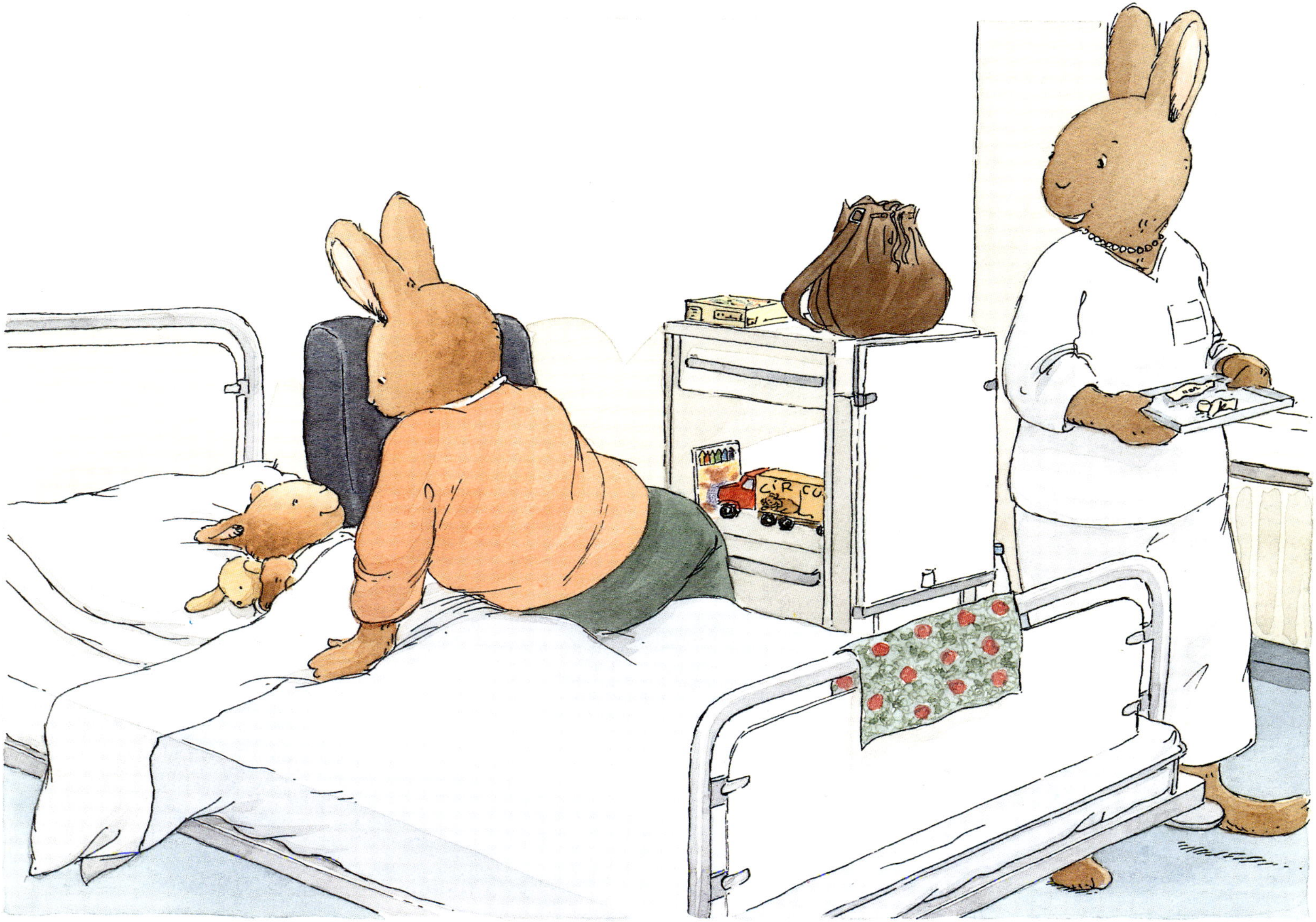

Très tôt le matin, l'infirmière vient me réveiller
avec un médicament. Je lui demande mon petit déjeuner,
mais elle m'explique qu'il faut d'abord y aller
et que je mangerai plus tard.

On m'emmène sur un lit à roulettes. On passe dans plein de couloirs.
Ça va très vite. Je me sens tout drôle, je n'ai plus peur.
J'ai même la tête qui tourne.
Un docteur me dit que c'est à cause du médicament.

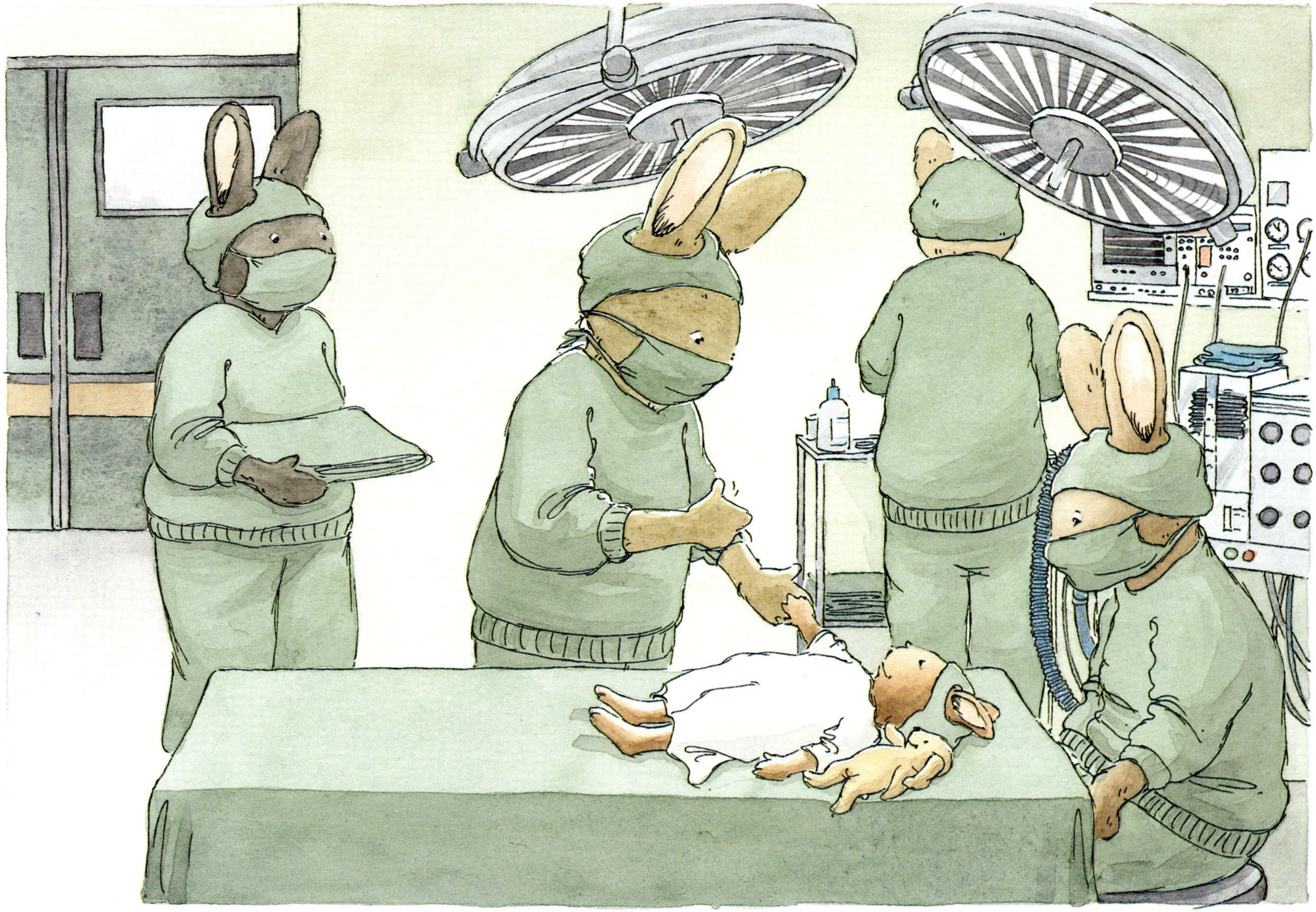

Dans la salle d'opération, j'ai l'impression d'être
dans une soucoupe volante. Tout le monde porte le même
masque vert sur la figure et le même bonnet sur la tête.
Je trouve ça très étrange.

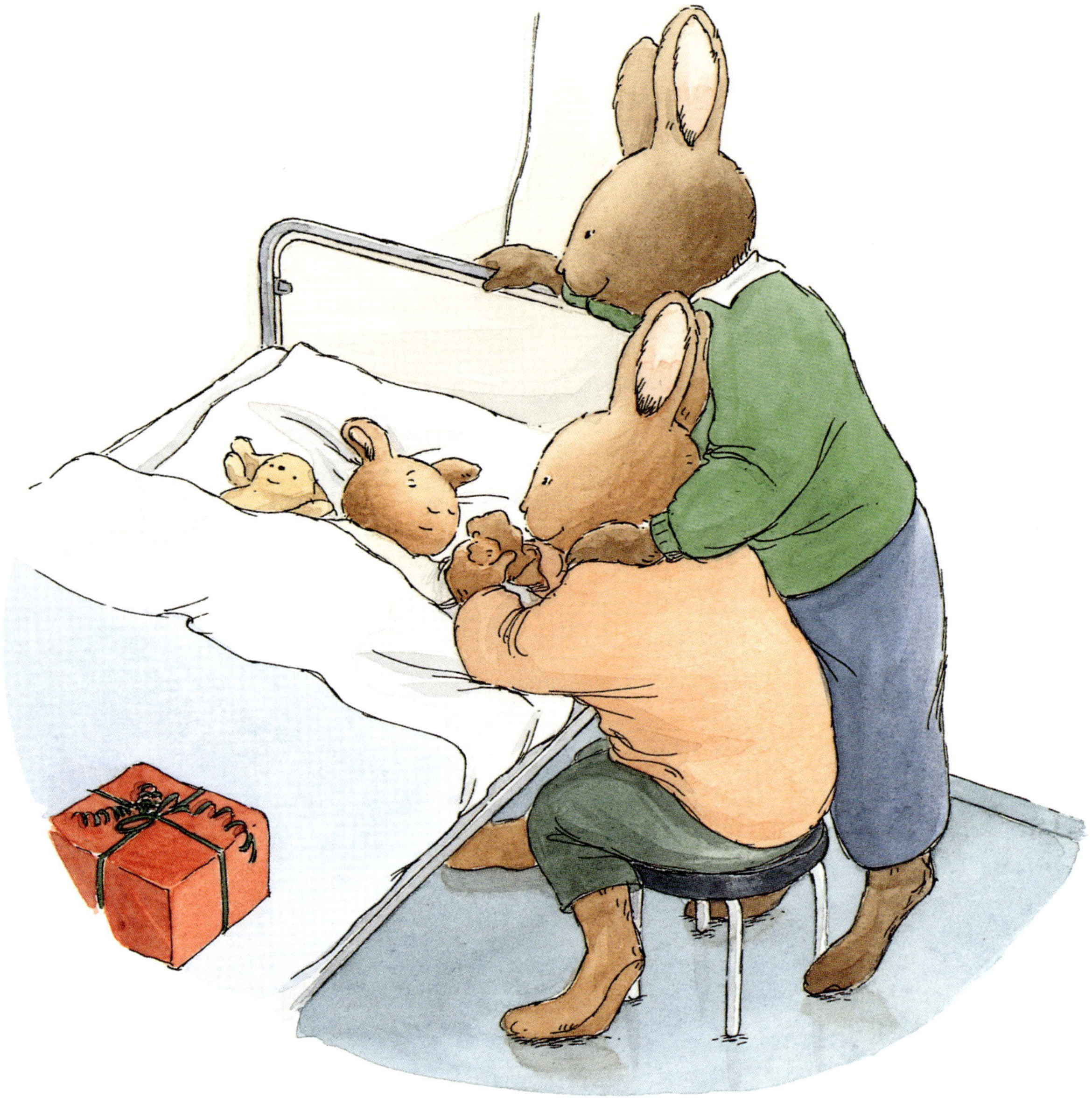

J’ouvre un œil et je vois Papa et Maman qui me regardent.
Je suis dans ma chambre. C’est déjà fini ?
J’aimerais bien leur parler mais je préfère me rendormir.
Je leur parlerai plus tard.

J'ai mal et ça me réveille.
Papa me caresse doucement la joue.
Gaspard m'avait prévenu qu'on se sent bizarre
après l'opération. Il avait raison.

J'ai le droit de manger un peu.
Je me sens beaucoup mieux. Ce qui est embêtant,
c'est que je ne peux pas rire à cause de ma cicatrice
et que Gaspard n'arrête pas de faire le clown.

Le lendemain, l'infirmière m'aide à me lever
pour que je fasse quelques pas dans le couloir.
Ça me fait un peu mal et j'ai l'impression
de marcher aussi doucement que Grand-Mère.

Avec Gaspard, on va à la salle de jeux.
Je ne peux pas jouer à la marchande avec lui parce que j'ai encore un peu mal. Mais je fais des dessins et du coloriage avec Mélanie et Marie.

Le docteur a dit que, dans quelques jours,
je pourrai gambader comme avant.
Ça m'a fait très plaisir. C'est fini.
J'ai été courageux et je me suis fait un bon copain.

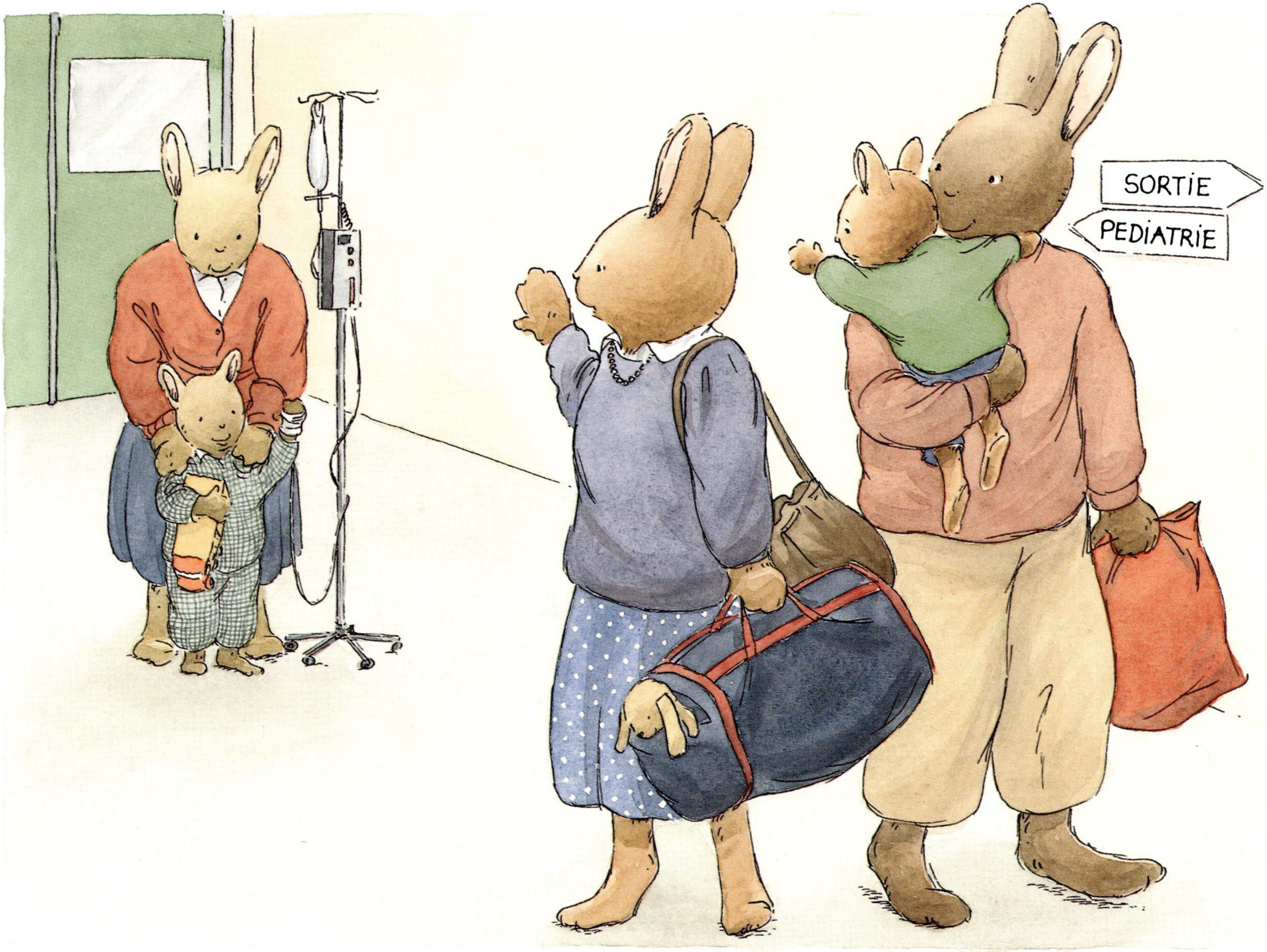

Aujourd'hui, je rentre à la maison. Je suis très content,
mais Gaspard est triste et ça me fait de la peine. Je lui offre mon camion.
Je lui promets de revenir très souvent à l'hôpital.
Au revoir Gaspard et à bientôt.